辞書・事典のすべてがわかる本

② 辞書・事典について調べよう

 監修／倉島 節尚　　文／稲葉 茂勝

あすなろ書房

はじめに

　古代エジプト文明で、「ヒエログリフ」とよばれる文字がつかわれていたことはよく知られています。現在でも、ピラミッドや宮殿に行けば、上の写真のようにいたるところにヒエログリフを見ることができます。

　なんと書いてあるの？　どう読むの？　たいていの人は、そう思うでしょう。なかには、「ヒエログリフの辞書があればいいなぁ」と思う人もいるはずです。

　1799年、エジプトのロゼッタという場所で、石碑（ロゼッタストーン）が発見されました。それにはヒエログリフとほか2種類の文字が書かれていました。しかし当時は、なにが書かれているのかまったくわかりませんでした。古代エジプトの王家の財宝のありかが記されているのかもしれないなどといった思いが、多くの人をその解読に駆りたてました。それから20年以上が経って、フランス人のシャンポリオンがロゼッタストーンの解読に成功しました。

　その後、さまざまな研究が積みかさねられました。今では、右の表のようにヒエログリフの辞書もつくられています。

ヒエログリフ	読み方	意味
⌒	イアト	丘
🪜	レドゥウ	階段
△	メル	ピラミッド

　現在日本には、右下のようにヒエログリフを日本語の五十音にあてはめた表もあります。

　辞書は、人類にとって偉大な発明です。辞書があれば、わからない文字の意味や読み方がわかるのです。人類史上はじめて辞書を発明したのは、「シュメール人」だといわれています。しかし、シュメール人は、あまりにも多くの謎につつまれているため、辞書の発明についても、はっきりしていません（⇒1巻P17）。

出典：『エジプト学ノート』（著／齋藤悠貴、編／こどもくらぶ、今人舎）

このシリーズ「辞書・事典のすべてがわかる本」の「辞書」とは、多数の語を集録し、一定の順序に配列して、語の意味や用法などをしめした本です。辞書は、辞典や字典ともいうことがありますが、これらは明確にわけられているとはいえません。さらに、字書や字引といった言葉もあります。また、それらに似た事典（ことてん）とよばれるものもあります。これは、いろいろなものごとや、ことがらを集めて説明した本です。

　中国人は漢字を発明しました。また、日本人は、漢字を変化させ、かなを発明しました。
　では、漢字がわからないときにつかう「漢和辞典」は、中国人、日本人のどちらが発明したのでしょうか。残念ながら、それはわかりません。しかし、わからない漢字で、なんと書いてあるのか？　どう読むのか？　中国から漢字が日本に伝わってきたばかりのころには、そのように思った日本人がいて、「漢和辞典」をもとめたことはかんたんに想像できます。
　「漢和辞典」には、漢字の読み方と意味が、日本語で書かれています。それは、ヒエログリフの△を、「メル」と読み、「ピラミッドとよばれる、四角錐の形をした構造物である」ことが、書かれているのと同じです。

　ところで、漢和辞典の「漢」という漢字には、「漢字」のほか、「漢語（中国語）」という意味があります。ということは、漢和辞典とは、漢語（中国語）から和語（日本語）にする辞典ということなのです。このように「英和辞典」は英語から日本語へ、「仏和辞典」はフランス語から日本語にする辞典を意味します。逆に「和英辞典」は、日本語から英語にする辞典です。
　一方、「英英辞典」という辞典があります。これは、英語を英語で解説しているものです。日本では、「日日辞典」とはいわず、「国語辞典」とよばれる辞書と同じ性質のものです。これは辞書といって、すぐにイメージできる一般的な辞書です。

『三省堂例解小学漢字辞典 第五版』(三省堂)　『三省堂例解小学国語辞典 第六版』(三省堂)

　国語辞典は小学校低学年からつかわれていますが、今述べたように、辞書が人類にとっての重要な発明品であることなど、辞書そのものの重要性について学習することなく、言葉の意味を調べるための道具としてあつかわれていることが多いでしょう。
　このシリーズは、だれもが、学びを続けていけばいくほど、辞書や事典をつかうようになることから、教科書では教えない、辞書そのものについて、さまざまな角度から解説を試みるものです。

こどもくらぶ　稲葉　茂勝

この本で、辞書について知ることで、辞書を大切に考え、重視し、もっと有効につかうようになってほしいな！

もくじ

わたしは、案内役だよ。

はじめに ………………………………………… 2
この本のつかい方 ……………………………… 5

1 日本列島に住みはじめた人とは？ ………… 6
平安時代までの日本のようす ………………… 7
2 日本への漢字の伝来 ………………………… 8
日本独自の文字の登場 ………………………… 10
3 日本の辞書のはじまり ……………………… 12
4 漢字字典の登場 ……………………………… 14
5 国語辞典の先駆けとは？ …………………… 16
6 最初の五十音引き国語辞典 ………………… 18
7 辞書がどんどん普及した江戸時代 ………… 20
二百数十年間の印刷物空白時代とは？ ……… 22
8 日本の「二言語辞書」のはじまり ………… 24
明治・大正時代の辞書を見てみよう！ ……… 26
昔と今の辞典をくらべてみよう！ …………… 28

用語解説 ………………………………………… 30
さくいん ………………………………………… 32

国語辞典は最初は五十音引きではなかったんだよ。昔の人がつかっていた辞書を見てみよう！

この本のつかい方

この本では、日本の辞書・事典がどのように生まれ、
うつりかわってきたのか、項目ごとにさまざまな視点から解説しています。

写真や図 それぞれのテーマと関連のある写真や図を掲載しています。

まめちしき 本文をよりよく理解するための情報を紹介しています。

用語解説 青字の言葉は用語解説（30～31ページ）で解説しています。

コラム よりくわしい内容や、関連するテーマを紹介しています。

ときどき出てきて、しゃべるからよろしくね。

1 日本列島に住みはじめた人とは？

日本列島に人が住みはじめたのがいつごろかは正確にはわかっていませんが、旧石器時代には住んでいたと考えられています。

旧石器時代から古墳時代の日本列島

今から100万年ほど前から地球は「氷河時代」に入り、陸地の約3分の1が氷におおわれる時期（氷期）と温暖な時期（間氷期）がくりかえされました。そのころの人類は打製石器＊をつくることを覚え、狩りや採集をおこなっていました。この時代を「旧石器時代」とよびます。

今から約1万年前に氷河時代が終わり、気温が上がると、海水面が上昇したため、それまで大陸の一部であったところが島となり、日本列島ができました。人びとは、土器をつくりはじめましたが、その土器は縄目のような文様がつけられていることが多いので「縄文土器」といい、この時代を「縄文時代」とよびます。

その後、「弥生時代」になると、稲作が盛んになり、金属器もつかわれるようになりました。そして、中国大陸から進んだ文化が入ってきました。このころから日本列島に住んでいた人びとが話していた言葉（和語）は、「古墳時代」にはすでに現代の日本人が話す日本語の原型となっていたと考えられています。

＊石を割ってつくったするどい刃をもつ道具。

旧石器時代は人類文化の最古の時代とされる。人類はけものを狩ったり、草木の実や魚をとったりして生活していた。
写真：ユニフォトプレス

はじめに、辞書のできるずっと前の日本人と日本語について、知っておこう！

平安時代までの日本のようす

日本列島に人が住みはじめてから、平安時代までのそれぞれの時代のようすを表にまとめてみると、おおよそつぎのようになります。

時代	年代	できごと
旧石器時代		氷期と間氷期がくりかえされる。人びとは狩りや採集をおこない、打製石器を使用した。
縄文時代		氷河時代が終わり、気候があたたかくなる。土器づくりがはじまる。
弥生時代		稲作、金属器の使用がはじまる。大陸の進んだ文化を受けいれて、しだいに身分の差があらわれてくる。
	57年	倭奴国王が後漢（当時の中国）に使いを送る。
	239年	邪馬台国の女王卑弥呼が魏（当時の中国）に使いを送る。
	このころ	「魏志倭人伝」がまとめられる。
古墳時代		前方後円墳が盛んにつくられる。大和王権を中心とする政治的なまとまりがつくられる。
	478年	倭王武が中国の南朝に使いを送る。
飛鳥時代		仏教文化が伝わる。
	593年	聖徳太子が摂政となる。
	607年	隋（当時の中国）に使いが送られる（遣隋使）。
	630年	唐（当時の中国）に使いが送られる（遣唐使）。
	645年	大化の改新。
	701年	大宝律令。
	710年	都を奈良（平城京）にうつす。
奈良時代	712年	『古事記』がまとめられる。
	720年	『日本書紀』がまとめられる。
平安時代	794年	都を京都（平安京）にうつす。
	894年	遣唐使（中国への使い）が停止される。
	このころ	仮名文字をつかった文学（紫式部の『源氏物語』や清少納言の『枕草子』など）が書かれる。
	1016年	藤原道長が摂政になり藤原氏が栄える。
	1053年	藤原頼通が平等院鳳凰堂を建てる。
	このころ	各地で武士の力が強まる。貴族、寺社が多くの荘園をもつ。
	1185年	壇ノ浦の戦いに負け、平氏が源氏にほろぼされる。

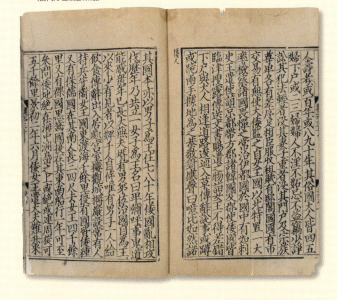

「魏志倭人伝」は、3世紀後半の中国の歴史書のうち日本人（倭人）のようすを記した部分をしめす。（宮内庁書陵部所蔵）

室町時代に書写された『日本書紀』の写本。（三嶋大社所蔵）

古墳時代につくられた全長が486mある日本最大の前方後円墳「大仙古墳（仁徳天皇陵古墳）」（大阪府堺市）。

2 日本への漢字の伝来

『日本書紀』や『古事記』に、漢字が伝えられたことが書かれています。それらが真実かどうかはわかっていませんが、朝鮮半島からなんらかの形で漢字が伝えられたのは、まちがいありません。

> 日本語の辞書について知るには、漢字と仮名の関係を理解する必要があるよ。

漢字は中国語を書きあらわす文字

漢字は、中国語をあらわす文字として発達したことはいうまでもありませんが、その漢字が日本に伝わり、日本語をあらわすようになりました。いつごろ伝わったかははっきりしていませんが、57年ごろに後漢（当時の中国王朝）から送られた金印が残っていて、それにきざまれている「漢委奴国王」が、日本で見られる最古の漢字だといわれています。

その後3世紀から4世紀になると、漢字がどんどん日本へ入ってきて、それとともにさまざまな文化が築かれました。もともと和語（⇒P6）には文字がなかったので、伝わってきた漢字をつかって言葉を書きあらわそうと、当時の人はさまざまな工夫をしました。

金印「漢委奴国王」。江戸時代に、博多湾に浮かぶ志賀島で農作業中の人が偶然発見した。

まめちしき

呉音・漢音・唐音

日本へ伝わってきた漢字の読み方は、大きくわけて「呉音」「漢音*」「唐音」の3種類がある。

中国では、漢字の音は時代とともに変化して古い音は残っていない。しかし、日本に入った漢字の音は、新しいものが古いものとあわせてつかわれたのだ。その結果、日本では漢字に3種類の読み方ができた。

- **呉音**：呉（222〜280年）と交流が深かった朝鮮の百済（？〜660年）を通じて日本に伝わってきた音。
- **漢音**：唐時代（618〜907年）、都のあった長安（今の西安）地方で用いられた音が日本へ伝わり、その音に近いように発音された音。
- **唐音**：唐時代の終わり以降に、日本に伝わってきた音。

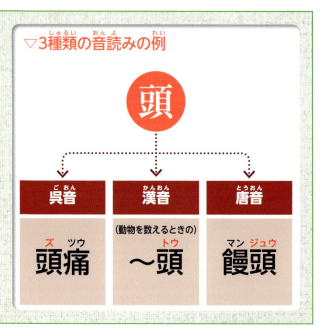

▽3種類の音読みの例

*漢の時代（紀元前202〜8年、および25〜220年）に伝わったという意味ではない。

万葉仮名

> 『万葉集』に代表される表記法であることから、「万葉仮名」とよばれるようになったんだよ。

奈良時代になると、漢字の本来の意味とは関係なく、その音や訓をつかって日本語を書きあらわす「万葉仮名」とよばれる方法をつかいはじめました。

万葉仮名は日本語の発音に合わせて、漢字の音や訓をつかって書きあらわしましたが、どの漢字がつかわれるかは決まっていませんでした。たとえば、「ア」をあらわすために「安」「阿」「足」など、いくつもの漢字がつかわれました。下は、万葉仮名で書かれた『万葉集』の歌をひらがなと漢字で書いた例です。

安之比奇能（あしひきの）
夜麻波奈久毛我（やまはなくもが）
都奇見礼婆（つきみれば）
於奈自伎佐刀乎（おなじきさとを）
許己呂敝太底都（こころへだてつ）

『万葉集』巻第十八 4076 大伴家持の歌

↓

あしひきの
山はなくもが
月見れば
同じき里を
心隔てつ

〈意味〉
山など無ければよいのに 月を見れば同じひとつの里だというのに 貴方は山を理由にして わたしに心を隔てておられるのです

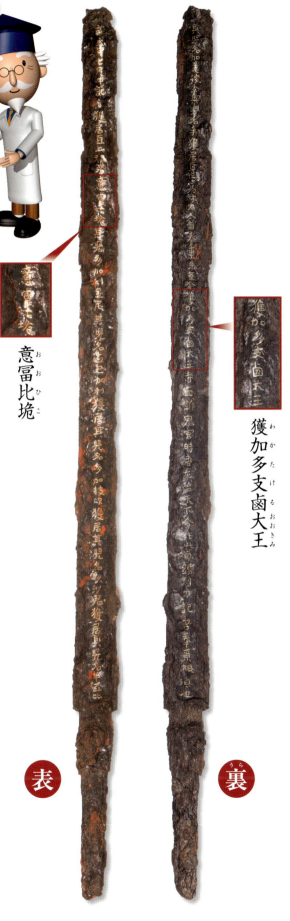

意富比垝

獲加多支鹵大王

表　裏

埼玉県の稲荷山古墳から出土した古墳時代の鉄剣。「獲加多支鹵大王」や「意富比垝」などの人の名前や「斯鬼宮」などの地名が万葉仮名できざまれている。

日本独自の文字の登場

中国の漢字をつかって、日本語を書きあらわすのは、やはり無理があります。そのため、日本独自の文字がつくられました。それが「仮名文字」です。

> 仮名文字には、「ひらがな」と「カタカナ」があるのは、いうまでもないよね。

漢字からひらがなへ

下は、漢字からひらがなへ変わっていくようすをまとめたものです。

万葉仮名

奴ぬ 止と 仁に 以い
留る 知ち 保ほ 呂ろ
遠を 利り 部へ 波は

「万葉仮名」は、漢字のもつ音と訓をつかって、日本語を書きあらわしたもの。漢字を「読みがな」のようにあつかって書きあらわしたもので、漢字が本来もっている意味とは関係のない「当て字」のようなものだともいえる。

草書体

奴ぬ 止と 仁に 以い
留る 知ち 保ほ 呂ろ
遠を 利り 部へ 波は

日本語の音ひとつひとつを画数の多い漢字で書くのは、めんどうである。そこで生まれたのが、漢字を省略して書きやすくした「草書体」だった。平安時代に日本各地へ広まっていった。

ひらがな

ぬ と に い
る ち ほ ろ
を り へ は

草書体が広まるにつれて、よりかんたんで、より多くの人が書ける文字が必要になってきた。そこで生まれたのが、草書体よりさらに簡略化された「ひらがな」だった。

> このようにして日本独自の文字ができたことで中国の漢字で書かれた文を、日本独自の文字で解説できるようになっていくんだ。そのようすは14ページから書いてあるよ。

「ひらがな」で書かれた文学

平安時代には、ひらがなはおもに貴族の女性が和歌などを書くときにつかわれていました。清少納言や紫式部などの宮中につかえる女性たちが、ひらがなをつかってすぐれた作品を残しています。

紀貫之など男性もひらがなをつかった作品を書き、さらに広まっていきました。

漢字の一部をつかった「カタカナ」

ひらがなは、漢字全体をくずしてつくられたものですが、カタカナは、漢字の一部だけをとってつくられました。

複雑な漢字の画数を少なくしようという努力は、古くからおこなわれていました。9世紀に入ると、仏教の経典などの漢文の読み方をしめす送りがなを書きあらわすための文字として、カタカナが考えだされたのです。漢字のそばのせまい行間に書きいれていくために、画数が少なくはやく書ける形になったといわれています。

10世紀後半に仮名まじり文が書かれるようになり、カタカナだけで和歌をあらわすこともおこなわれました。ところがそのころは、どの字をどのように簡略化するかといった決まりがなく、人それぞれでした。

その後、カタカナが人びとのあいだに広まるにつれて、しだいに字体が統一され、12世紀ごろには今の形に近い文字ができました。

▽カタカナができた例

伊 → イ　　呂 → ロ
久 → ク　　己 → コ

▽漢文の読み方をしめす送りがなにつかわれたカタカナ

瓜田不納履、李下不正冠。
（読み）瓜田に履を納れず、李下に冠を正さず。

不入虎穴、不得虎子。
（読み）虎穴に入らずんば、虎子を得ず。

百聞不如一見。
（読み）百聞は一見に如かず。

※漢文の左の「レ」や、「一」や「二」の数字は読む順番をしめす。

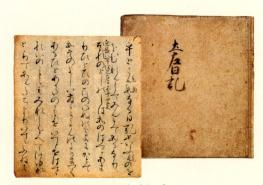

10世紀前半に書かれた『土佐日記』の一部。作者の紀貫之は、日記を女性の作として、それまで男性があまりつかわなかったひらがなをつかって書きあらわした。
（大阪青山歴史文学博物館所蔵）

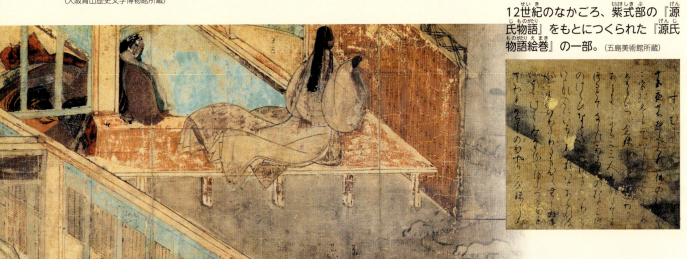

12世紀のなかごろ、紫式部の『源氏物語』をもとにつくられた『源氏物語絵巻』の一部。（五島美術館所蔵）

3 日本の辞書のはじまり

中国から伝えられた書物や仏教について述べた書物を理解するために、解説書（「音義」という）がつくられました。「音義」は、当初中国でつくられましたが、8世紀末には日本でもつくられるようになりました。

1冊の書物のための専用の「音義」

「音義」は、漢籍や仏教の経典のなかの難解な字句を取りだし、発音や意味を注釈した解説書のことです。奈良時代末期から平安時代初期の『新訳華厳経音義私記』や空海（⇒P16）撰

『金剛頂一字頂輪王儀軌音義』などの音義が知られています。また、平安時代中期になると、さまざまな書物のために、音義が数多くつくられました。そうした音義は、難解な字句が出てくる順に漢字や漢語の説明が書かれたもので、特定の書物を読むためだけにつくられました。

『一切経音義』

7世紀なかばに中国の僧・玄応が著した『一切経音義』。
（早稲田大学図書館所蔵）

『新訳華厳経音義私記』

昔は、難しい本を読むための解説書があったんだよ。

奈良時代末期の成立とみられている『新訳華厳経音義私記』上巻の本文書頭。
（『古辞書音義集成　（1）新譯華厳経音義私記』（汲古書院）より転載）

はじめて書物に登場した「いろは歌」

「いろは歌」とは、すべての仮名文字をひとつずつ重複なく用いてつくられた七五調の文のことです。この歌の文字の順番（いろは順）は中世から近代初期の辞書類でつかわれました。いろは歌が歴史上はじめて書物に出てきたのは『金光明最勝王経』（4世紀ごろにつくられた仏教の経典）を理解するために平安時代につくられた「音義」です。漢字の読み方をしめす文字として、右のいろは歌が記されています。

恵(え)	阿(あ)	耶(や)	良(ら)	餘(よ)	千(ち)	以(い)	
比(ひ)	佐(さ)	万(ま)	牟(む)	多(た)	利(り)	呂(ろ)	
毛(も)	伎(き)	計(け)	有(う)	連(れ)	奴(ぬ)	波(は)	
勢(せ)	喩(ゆ)	不(ふ)	為(い)	曽(そ)	流(る)	耳(に)	
須(す)	女(め)	己(こ)	能(の)	津(つ)	乎(を)	本(ほ)	
美(み)	衣(え)	於(お)	祢(ね)	和(わ)		へ	
之(し)	天(て)	久(く)	那(な)	加(か)	止(と)		

まめちしき

現代の「五十音図」とくらべてみよう！

下の表は、現在つかわれている五十音図（⇒P18）。このなかから、「いろは歌」の文字をひとつずつ探してみよう。

【五十音図】

わ	ら	や	ま	は	な	た	さ	か	あ
	り		み	ひ	に	ち	し	き	い
	る	ゆ	む	ふ	ぬ	つ	ⓢ	く	う
	れ		め	へ	ね	て	せ	け	え
を	ろ	よ	も	ほ	の	と	そ	こ	お
ん									

右の「いろは歌」に、「ん」をふくんだ48文字をつかってつくられた「鳥啼歌」という歌もある。

【いろは歌】 ⓢを探してごらん。

ゑ	あ	け	う	つ	わ	ち	い
ひ	さ	ふ	ゐ	ね	か	り	ろ
も	き	こ	の	な	よ	ぬ	は
せ	ゆ	え	お	ら	た	る	に
ⓢ	め	て	く	む	れ	を	ほ
	み		や		そ		へ
	し		ま				と

酔(ゑ)	浅(あさ)	今(け)	有(う)	常(つね)	我(わ)	散(ち)	色(いろ)
ひ	き	日(ふ)	為(い)	な	か	り	は
も		夢(ゆめ)	越(こ)	ら		世(よ)	匂(にほ)
せ		見(み)	え	奥(おく)	む	誰(たれ)	へ
ⓢ		し	て	山(やま)		そ	を	と

〈意味〉
色は美しく照り映えていても（花は）散ってしまうものである　わたしたちこの世のだれが　永久に変わらないことがあろうか　いろいろなことがある（人生の）険しい山を　今日も越えて（いくのだが）浅い夢など見ることはしない　心をまどわされもしない

「いろは歌」と「鳥啼歌」は「アナグラム」になっている。「アナグラム」とは、言葉や文のすべての文字をつかって入れかえて、別の意味にする言葉あそびのこと。（例　まぬけ→負けぬ）

【鳥啼歌】

鳥啼く声す　夢覚ませ
見よ明け渡る　東を
空色栄えて　沖つ辺に
帆舟群れゐぬ　靄の中
とりなくこゑす　ゆめさませ
みよあけわたる　ひんがしを
そらいろはえて　おきつへに
ほふねむれゐぬ　もやのうち

4 漢字字典の登場

12ページで見た音義では、ほかの書物への応用ができないといった不便さがありました。そこで考えだされたのが、文字の形から知りたい漢字を探しだす「漢字字典」でした。

部首とは?

漢字には、「にんべん（亻）」「さんずい（氵）」「てへん（扌）」「うかんむり（宀）」「くさかんむり（艹）」などといった、共通する形があります。

これらは「部首」とよばれ、部首で分類してならべたのが、「漢字字典」です。部首を手がかりに調べたい漢字を探しだすのです。

この方法は、現在の「漢和辞典」でもつかわれています。

『新撰字鏡』

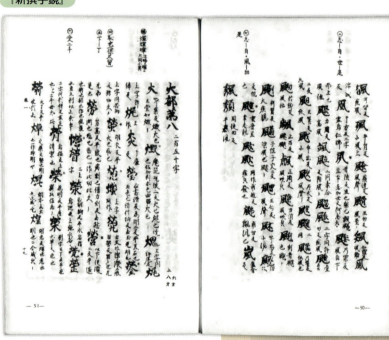

『新撰字鏡』は、898年から901年までのあいだに昌住という人がつくった漢字字典。その序文に「これまでにつくられた音義の説明はわかりやすいが、ほかの書物の漢字を調べようと探してもなかなか探せないので、探しやすくつくった」と書かれている。これにより「音義」から「字典」へと進んだと考えられる。

昌住著・京都帝国大学文学部国語学国文学研究室編『新撰字鏡』（全国書房、1944年）（国立国会図書館所蔵）

『類聚名義抄』

『類聚名義抄』は、1081年から1100年ごろまでにつくられたと考えられている漢字字典。これには、はじめにつくられたもの（原撰本）と、のちに編集しなおしたもの（増補改編本）とがある。原撰本では、漢字を部首で分類し、漢字と熟語の読み方をしめし、意味を漢文、その漢字にあたる日本語は万葉仮名またはカタカナで書いてある。増補改編本では、漢文の説明などをやめ、漢字を中心にした漢和字典的な内容になっている。

菅原是善著『類聚名義抄』（貴重図書複製会、1937年）（国立国会図書館所蔵）

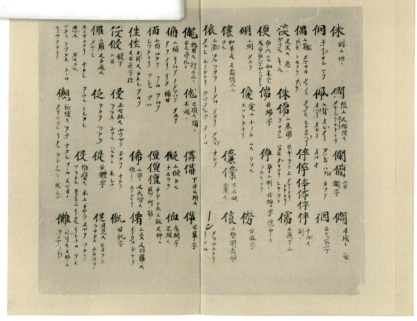

「漢字字典」から「漢和字典」へ

はじめてつくられたころの「漢字字典」は、部首分類にはなっていましたが、そのなかでのならび方には、はっきりした規則がありませんでした。読み方の説明も、漢字2字を組みあわせてしめす方法（「半切」という）がとられ、難解なものでした。意味も短い漢文で説明されていることが多く、その漢字の意味に対応する日本語の単語が添えられていましたが、万葉仮名で書かれていることも多かったのです。

このような漢字字典をもっとつかいやすくするために、さまざまな工夫が重ねられました。結果、部首で分類された漢字をさらに画数の少ない順にならべたり、その漢字をつかう熟語を添えたりしました。また、漢字の読み方は仮名で書き、意味はわかりやすい日本語で書くようになりました。こうして一般の人にもつかえるように組みたてた「漢和字典」がつくられるようになっていきました。

日本最古の漢字字典は？

『日本書紀』に、天武天皇が命じて『新字』という書物をつくらせたという記述があります。これが、日本で最初の漢字についての字書のようなものともみられていますが、内容は不明です。

現存する日本最古の漢字字典は、9世紀前半につくられた『篆隷万象名義』だといわれています。それは、漢字を部首で分類し、音と意味を漢文で説明しているものです。中国の唐に留学した空海（⇒P16）が、日本人のために『玉篇』（⇒1巻P22）という字書から抜きだして編集したものです。

> これは、日本人によってつくられた最初の字典だよ。前半は空海が書き、後半を別の人物が書いたと考えられているんだ。

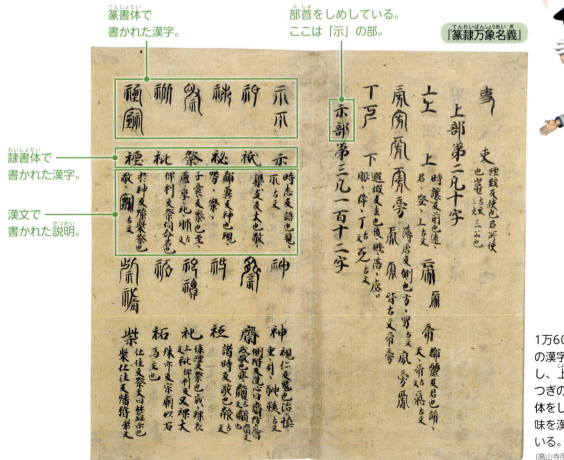

篆書体で書かれた漢字。

部首をしめしている。ここは「示」の部。

『篆隷万象名義』

隷書体で書かれた漢字。

漢文で書かれた説明。

1万6000字あまりの漢字を部首で分類し、上段に篆書を、つぎの段に隷書の字体をしめし、音・意味を漢文で説明している。
（高山寺所蔵）

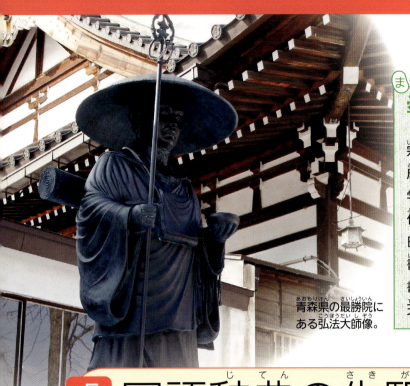

青森県の最勝院にある弘法大師像。

> **まめちしき**
> **空海**
> 空海（774〜835年）は平安時代の僧侶で、真言宗の開祖。讃岐（今の香川県）に生まれ、804年に唐に留学して、長安（今の西安）で仏教や中国語を学び、806年に帰国して高野山に金剛峯寺を開いた。仏教に関するいくつもの書物を著し、そのなかには、日本人が編纂したもので、今も見ることのできる辞書として最も古い『篆隷万象名義』（⇒P15）がある。書道にもすぐれていて、立派な作品を残し、のちに、天皇から弘法大師の称号をあたえられた。

5 国語辞典の先駆けとは？

平安時代には、まず空海によって漢字を解説するための漢字字典がつくられ、その後、言葉を説明する現在の国語辞典にあたる辞書がつくられるようになりました。

いろは順

平安時代につくられた辞書『色葉字類抄』は、見出し語をいろは歌（⇒P13）の順に掲載しています。漢字の読みの最初の音が、いろは順にならんでいて、説明文は、漢文です。

これに先立ってつくられた『和名類聚抄』（⇒P17）は、漢語が意味によって分類配列されています。その漢語がどの分野の言葉であるかによって探すようになっているので、その後につくられたいろは順の辞書とは異なる構成になっています。

『色葉字類抄』

和泉：「い」ではじまる国名・地名がならんでいる。
国郡：国名・地名の部であることをしめす。

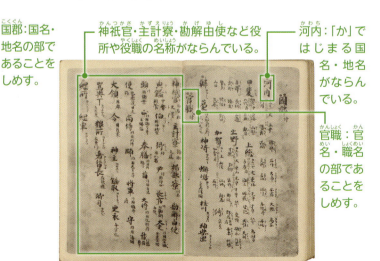

神祇官・主計寮・勘解由使など役所や役職の名称がならんでいる。
河内：「か」ではじまる国名・地名がならんでいる。
官職：官名・職名の部であることをしめす。

『色葉字類抄』は、橘忠兼という人が平安時代の終わりに近いころ（院政期）につくった漢字字典。書名に「色葉」とあるとおり、漢字の読みを「いろは順」にならべている。単語の最初の音でいろは順にわけ、さらにそれぞれの内部を意味で分類してある。2巻本（4冊）と3巻本（2冊のものと3冊のもの）が伝わっていて、2巻本は12世紀なかばごろに、3巻本は12世紀の終わりに近いころに成立したと考えられている。読みから漢字を探せるので、国語辞典の先駆けのような字典とされ、分類・配列にいろは順が用いられた「音引き辞書」の最古のもの。これ以後は、明治のはじめまでほとんどの辞書はいろは順になっていた。橘忠兼・育徳財団編『色葉字類抄：尊経閣叢刊丙寅本 巻上』（育徳財団、1926年）（国立国会図書館所蔵）

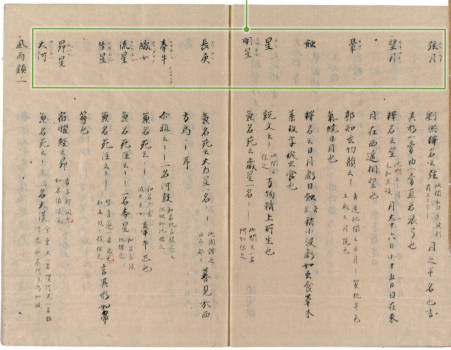
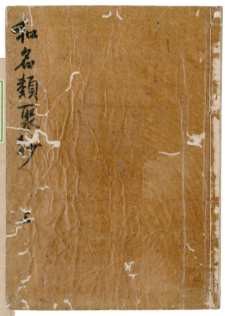

『和名類聚抄』 漢語の見出し語。天文・天体に関する言葉がならんでいる。

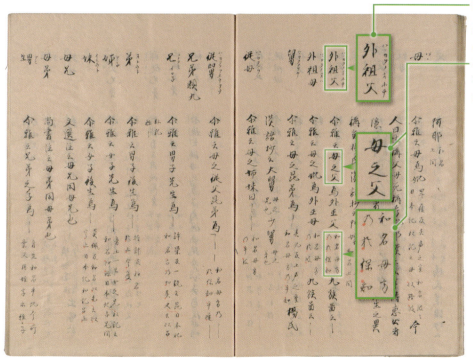

漢語の見出し語にカタカナで和語のふりがなが記されている。

漢文の説明のなかに「母之父」とあり、その下の2行書きのところに「和名母方乃於保知」（日本語名ははかたのおほち）と記されている。

『和名類聚抄』は、醍醐天皇の皇女勤子内親王の希望によって934年ごろに、嵯峨天皇の玄孫で、学者であり歌人の源順（911～983年）がつくった辞書。漢語の見出し語を意味によって分類し、漢文で説明を書き、万葉仮名で日本語を添えてある。一種の百科事典的な辞書だとされている。この辞書には10巻本と20巻本とがあり、どちらが先につくられたかは明らかになっていない。

源順著『和名類聚抄』(狩谷望之写、1821年) (国立国会図書館所蔵)

五十音順

「五十音順」は「五十音図（⇒P18）」の仮名の順序のことです。「五十音順」は、「いろは順」と同じくらい古くからありましたが、いろは順にくらべるとあまりつかわれていませんでした。

江戸時代の終わりまで、ほとんどの辞書は、いろは順に従って項目がならべられていました。明治に入ってもしばらくは、いろは順が広くつかわれていました。

なお、「五十音」「五十音図」という言い方は、江戸時代から一般につかわれるようになりましたが、古くは、「五音」「五音図」「五音五位之次第」「音図」「反音図」「仮名反」「五十聯音」などとよばれていました。

17

6 最初の五十音引き国語辞典

当初の国語辞典は「いろは引き」が普通でした。そのなかで唯一「五十音引き」のものがあります。それは1484年につくられた『温故知新書』です。

五十音順の分類

『温故知新書』は、約1万2000語を見出し語として掲載し、第一音によって五十音順に分類しています。

この本の序文には、「五十音順」を採用したと書かれていますが、なぜ五十音順にしたのかは明記されていません。

漢文で書かれた書物の漢字・漢語に、読み方とそれにあたる日本語が記された項目が、多く収録されています。また、日本語で書かれた言葉や、その言葉のいわれを説明した項目や、出典をしめした項目も多く、特殊な漢籍からの引用などもあって、専門的な辞典になっています。

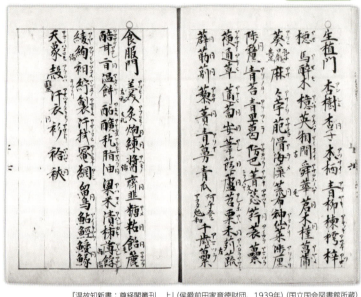

『温故知新書』

『温故知新書：尊経閣叢刊 上』（侯爵前田家育徳財団、1939年）（国立国会図書館所蔵）

『温故知新書』は、室町時代の後期につくられた国語辞典だよ。見出し語のはじめの音によって「あ」の部、「き」の部のように五十音順にわけられ、同じ部のなかは、それぞれ分野・部門別にわけられているんだ。

まめちしき

五十音図

五十音図とは、仮名で「あいうえお……」を五段十行に書きあらわした表のこと*。だれがつくったかはわかっていないが、1000年以上も昔、平安時代のなかごろから知られていた。漢字の音を理解するために整理された、日本語の音の一覧表とみられている。

横のならびを「段」、たてのならびを「行」といい、段は、それぞれ音の終わりに同じ母音（あいうえお）をもつものがならんでいる。これをあ段・い段などとよぶ。行は、同じまたは類似した子音ではじまるものがならんでいて、これをか行・さ行などとよぶ。また、現代の日本語では、あ行のおとわ行のをは同じ音として発音しているが、助詞の「お」は「を」と書くという決まりがある。

行/段	あ行	か行	さ行	た行	な行	は行	ま行	や行	ら行	わ行
あ段	あ	か	さ	た	な	は	ま	や	ら	わ
い段	い	き	し	ち	に	ひ	み	い	り	ゐ
う段	う	く	す	つ	ぬ	ふ	む	ゆ	る	う
え段	え	け	せ	て	ね	へ	め	え	れ	ゑ
お段	お	こ	そ	と	の	ほ	も	よ	ろ	を
ん	ん									

*「や行」のい・えと「わ行」のうは、「あ行」と同じ音で、「わ行」のゐ・ゑは今はつかわれていない。

鎌倉・室町時代の辞書の特徴

鎌倉時代になると、貴族にかわって武士が政治の実権を握りました。すると、武士たちにも読み書きのできる人が増えてきました。

しかし、その後も社会は不安定な状態が続きます。庶民も自分たちの力で自主的な組織や流通機構をもつようになり、文書を読み書きする必要が生じてきました。そうして、文字の読み書きができる人がだんだんと増えていきました。すると、かつての難しい文字が敬遠され、辞書もより簡略なものがもとめられました。

その結果、十分な読み書き能力がなくてもつかえるように配慮した辞書がつくられるようになり、言葉をいろは順で引く初期の国語辞典というべきものがつくられるようになりました。

室町時代のなかばごろになると、『節用集』という日常つかわれる言葉を、いろは順にならべて読み方をしめす辞書が広まりました。それは、見出し語にカタカナで読み方をつけたもので、意味などの記述はありませんでした。

『節用集』

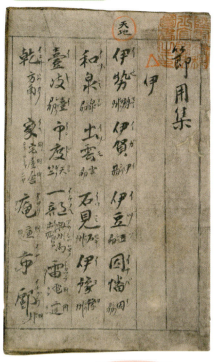

『下学集』をもとに、ほかの資料も用いて編纂された国語辞典。広く実用的に用いられ、さまざまに増補や改編したものがつくられたが、つくった人も改編した人もわかっていない。一般に注記は短く、かんたんで、一般の人の使用を目的につくられた。安土桃山時代ごろまでに書写・刊行されたものを「古本節用集」とよぶ。
『節用集』写本（室町末期）（国立国会図書館所蔵）

日常の文章を書くために便利だったので、その後、江戸時代になると「節用集」がいろは引き国語辞典の代名詞となるほど広まったんだよ。

『字鏡集』

1245年以前につくられたとされる、部首による意味分類体の漢和字典。7巻本と20巻本がある。つくった人は菅原為長（1158〜1246年）とされているが確かではない。部首は意味によって関連のあるものをまとめて分類し、内部の語は偏旁冠脚の要素で配列してある。見出しの漢字には、読み方がついている。
菅原為長著『字鏡集』写本（国立国会図書館所蔵）

『倭玉篇』

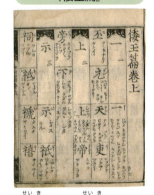

14世紀から15世紀ごろにつくられたのではないかと考えられている、部首分類体の漢和字典。つくった人は不明。中国の字典『玉篇』（⇒1巻P22）を参考にしてつくられていて、「わぎょくへん」とも読む。見出しの漢字を部首で分類し、読み方をしめし、カタカナでその漢字にあたる日本語が添えられている。
『倭玉篇』（1613年）（国立国会図書館所蔵）

『下学集』

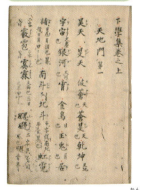

1444年につくられた、2巻の意味分類体の国語辞典。つくった人は不明。当時普通につかっていた言葉と百科事典的な語などを見出し語としている。語の意味によって分類し、見出し語は漢字、多くは漢文で、意味・用法・語源・まちがったつかい方などの説明があり、勉強中の人にも役立つようにつくられている。
『下学集』写本（国立国会図書館所蔵）

『運歩色葉集』

1547〜1548年につくられた、3巻のいろは引きの国語辞典で、約1万7000語がのっている。つくった人は不明。見出し語の最初の1字をいろは順に分類し、それぞれの内部の語は意味分類をせず、漢字が2字の語、3字の語、4字以上の語、および漢字1字の語の順に配列。最初の漢字が同じ語がならべられている。
『運歩色葉集』謄写版（岡田希雄、1929年）（国立国会図書館所蔵）

7 辞書がどんどん普及した江戸時代

江戸時代は、武士が政治の実権を握っていましたが、経済は商人たちが中心。こうしたなか一般庶民も文書や手紙を書くことが多くなり、読み書きのできる人がどんどん増え、辞書を利用する人も増えていきました。

現在残っている世界でいちばん古い印刷物は、日本にあるんだよ。1巻13ページを見てごらん。

木版印刷と出版業

鎌倉・室町時代には、寺院の経典や漢文学などの木版印刷がおこなわれ、江戸時代には出版業という産業が生まれました。こうした木版印刷の普及により、それ以前は写本によってつくられていた『節用集』(⇒P19) が印刷されるようになりました。一般の人たちも、『節用集』で漢字を用いた書き方を知るようになっていったのです。

いろは順が基本だった『節用集』は、利用する人がつかいやすいようにさまざまな工夫がされ、多くの種類がつくられました。現在知られているもので、大小あわせて300点ほどがあるといいます。

『東雅』

新井白石（1657～1725年）が1719年に、中国の辞書『爾雅』(⇒1巻P23) を見習って約700語を意味分類し、見出し語を漢字、日本語の読み方をカタカナで添え、語源を記した国語語源辞書。今日から見れば語源の説明には適切でないものもあるが、言葉は時代とともに変化することを考えに入れており、古くから伝わる書物によって解釈しようとしている点で、評価されている。著者自筆の本も残されている。

新井白石編『東雅』(吉川半七、1903年)（国立国会図書館所蔵）

まめちしき

版本（板本）とは？

「版本（板本）」とは、板に文字や絵などを彫って、紙に印刷する方法のこと。まず紙に文字や絵を書き（「版下」という）、版下を裏返しに板にはり、文字や絵が浮きでるように彫る。これを「版木」といい、版木に墨をぬり、紙に写しとることを木版印刷という。江戸時代にこの技術が発達し、多くの本が出版された。

京都の本屋、法藏館で印刷に用いていた版木。

『物類称呼』

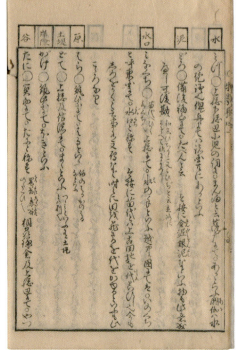

越谷吾山（1717～1787年）が1775年に刊行した5巻の全国方言辞典。正式名称は『諸国方言 物類称呼』という。見出し語を漢字でしめし、読み方や説明のあとに全国各地の方言が書かれている。方言は約4000語収録されている。この時代唯一の全国方言集であり、大正時代までのものでは最大規模だった。

越谷吾山編『物類称呼』(刊年不明)（国立国会図書館所蔵）

『和訓栞』

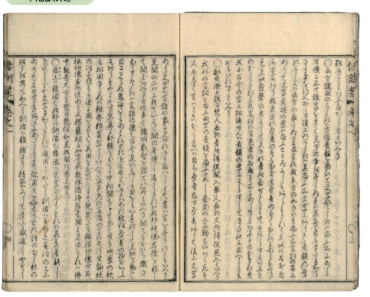

伊勢(今の三重県)の国学者、谷川士清(1709〜1776年)がつくった93巻82冊の国語辞典。著者自筆の原稿が7冊あり、死後、1777〜1887年に刊行された。前編は古語(古い時代の言葉)と雅語(和歌などに用いる言葉)、中編は雅語、後編は方言俗語と補遺を収め、2万897語が収録されている。見出し語を第二音節まで五十音順に配列し、見出し語に対応する漢字表記をしめし、意味を説明し、語源や類義語についても記述のある、本格的な国語辞典となっている。

谷川士清纂『倭訓栞』(篠田伊十郎、1830年)(国立国会図書館所蔵)

『雅言集覧』

江戸生まれの国学者であり戯作者の石川雅望(1753〜1830年)がつくった50巻21冊の古語用例辞典。雅言(古典を学んで優雅な文章を書くときに知っておかなければならない言葉)と、手本とすべき用例を集めて、いろは順に配列してある。『万葉集』から平安時代の仮名文学を中心に、鎌倉・室町時代の文学作品からも言葉と用例を集めてある。語釈はかんたんだが、古代の日本語の言葉を広く集めてあり、用例も多く、出典を詳しくしめしているなど、現代の辞書につながるすぐれたところがある。

石川雅望編『雅言集覧』(中島惟一、1887年)(国立国会図書館所蔵)

『俚言集覧』

備後(今の広島県)の学者、太田全斎(1759〜1829年)がつくった26巻9冊の、俗語・方言を集めた辞典。いつつくられたのかは不明。写本で残されている。当時の辞書が雅語を重視し、口語を軽んじる傾向があったのに対して、江戸語を中心とする俗語・方言を集めた独特の内容の辞書である。見出し語の第二音節までを五十音図の横の段、すなわち「あかさたなはまやらわいきしちに……」の順に配列しているのはたいへんめずらしい。その後、井上頼圀、近藤瓶城増補の『俚言集覧』(写真)では、五十音順に再編された。

井上頼圀・近藤瓶城増補『俚言集覧』(皇典講究所印刷部、1900年)(国立国会図書館所蔵)

二百数十年間の印刷物空白時代とは？

日本では『百万塔陀羅尼』(⇒1巻P13)がつくられて以降、二百数十年間の印刷物空白時代がありました。これは、仮名文字が普及したことと関係すると考えられています。

平安時代末期には

仮名文字は、文字と文字とがくっついていたり、線自体が細かったりという理由から、その当時の木版印刷には適していませんでした。このため、仮名文字が広がっていった時期には木版印刷の発展は見られませんでした。

ところが平安時代末期になると、藤原氏の氏寺である興福寺では、数多くの印刷・出版事業がおこなわれるようになりました。そのなかでも、春日神社に奉納された本である「春日版」がとくに有名です。

さらに時代を下り、鎌倉時代末期から室町時代にかけては、京都や鎌倉にある「五山」とよばれる寺を中心に木版刷りの書物が出版されました。

京都や鎌倉の五山の寺では「五山版」とよばれる書籍の出版が盛んにおこなわれ、僧侶によって書かれた漢詩文は「五山文学」とよばれた。写真は五山文学の先駆者である虎関師錬によって書かれた『海蔵略韻』。
(早稲田大学図書館所蔵)

1599年に木の活字で印刷された『日本書紀』。
（国立国会図書館所蔵）

司馬江漢は、銅板を科学液に浸して腐食させる「腐食銅版画」（「エッチング」という）の製法を習得して、日本最初の銅版画をはじめた画家として知られている。
『三囲景』（国立国会図書館所蔵）

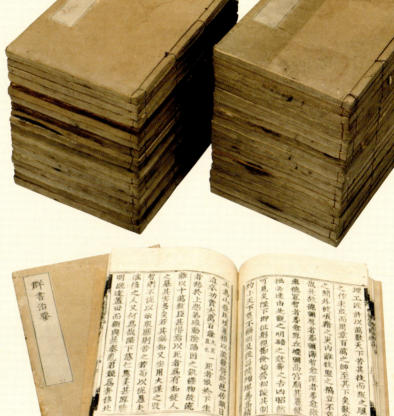

徳川家康が1616年に発刊させた『群書治要』は銅活字で印刷された。
（凸版印刷株式会社　印刷博物館所蔵）

金属活字と印刷技術

　江戸時代に入ると、朝鮮からもたらされた金属活字を組みあわせて「版」をつくり、それをつかって印刷した本がつくられました。そのなかには、朝廷や徳川家康（1542～1616年）によって復刊された『論語』や『日本書紀』などもふくまれています。これらはどれも印刷部数は100部程度だったと推定されています。

　一方、江戸時代初期には、京都の嵯峨で仮名文字の木活字を用いた「嵯峨本」が出版されました。その後しだいに「草双紙」とよばれる庶民向けの出版物が広まり、日本の出版文化は一気に花開きました。しかし、これらの本は金属活字によるものではなく、ほとんどが木版印刷でつくられました。なぜなら、金属活字を新しくつくるのには莫大な費用と時間が必要だったからです。

　ところが、1783年に司馬江漢（1747～1818年）という絵師が、日本ではじめて腐食による彫刻銅版画をはじめました。また、幕末には長崎奉行所内で活版印刷がおこなわれました。そして、明治時代になってまもない1869年に、本木昌造（1824～1875年）が、長崎に活版印刷所を創立しました。これにより、日本における民間初の金属活字での出版が本格的にはじまり、現在の日本の活字印刷の基礎を築きました。

8 日本の「二言語辞書」のはじまり

日本でつくられたヨーロッパの言語との最初の二言語辞書は、日本語をポルトガル語で説明した辞書でした。

キリスト教の普及と『日葡辞書』

16世紀の後半になると、キリスト教を広めるために多くの宣教師がヨーロッパから日本へやってきました。彼らは日本語で布教するために日本語を習い、研究して日本語の文法書や辞書をつくりました。

ヨーロッパでは、古くからラテン語と自分たちの言語の二言語辞書がつくられていました。そこで、彼らは、それらの辞書を参考にして、日本語の辞書をつくりあげたのです。

ポルトガル人がとくに辞書づくりに熱心で、彼らのつくった『日葡辞書』（日本語をポルトガル語で説明した辞書）は1603〜1604年に刊行されました。

この辞書には、当時の日本語が詳しく記されていて、室町時代後期の日本語を研究するための貴重な資料にもなりました。

幕末から明治時代

徳川幕府は外国との往来を禁じていました（鎖国）が、オランダとだけは長崎の出島を通して貿易をおこなっていました。

1831年ごろ、オランダ人のズーフは、オランダ語と日本語の辞書『ズーフハルマ』をつくりました。また、1867年には、アメリカ人宣教師ヘボンによって、日本語と英語の辞書『和英語林集成』（⇒1巻P28）が刊行されました。これは「和英辞典」でしたが、英語で説明された「国語辞典」のような内容をもっていると評価されました。

明治時代以降になると、さまざまな外国語と日本語の二言語辞書がつくられるようになりました。

『日葡辞書』

イエズス会の宣教師によってつくられ、1603年に本編、1604年に補遺編が長崎学林より刊行された。3万2800語の見出し語の日本語は、ポルトガル式ローマ字つづりで記され、ポルトガル語による訳語・説明がつけられている。
（オックスフォード大学ボードレイアン図書館所蔵『日葡辞書』（勉誠社、1976年）より転載）

はじめての近代的国語辞典

『言海』は、大槻文彦（1847～1928年）によってつくられた国語辞典（1889～1891年に刊行）です。はじめての近代的国語辞典とされています。若いときから英語や英文学を学んだ大槻文彦は、辞典をつくるにあたって、アメリカの『ウェブスター辞典』（⇒1巻P29）を手本として辞書編集の方針を立てました。

近代の国語辞典として「発音・品詞・語源・語釈・出典」の5つを備えるべきだとし、その実現に努力したのです。

見出し語3万9103語を五十音順に配列し、意味が変化した語は、（一）、（二）と区分して説明しています。

この辞典は高く評価され、のちに増補改訂されて『大言海』として1932～1937年に刊行されました。これは、その後につくられた辞典に大きな影響をあたえました。

『言海』を出版した国語学者の大槻文彦。写真：近現代PL/アフロ

当時の日本では、政府が新しい時代にむけて、新しい国語辞典をつくろうとしたんだ。そうしたなか大槻文彦がひとりで国語辞典『言海』を書きあげたんだよ。

『言海』

『言海』は、初版（写真）は4分冊だったが、のちに1冊本として刊行された。
大槻文彦編『言海』（大槻文彦、1891年）（国立国会図書館所蔵）

『大言海』

『言海』が増補改訂され、大槻文彦の死後、『大言海』（全4巻）として刊行された。
大槻文彦著『大言海』（富山房、1935年）（国立国会図書館所蔵）

明治・大正時代の辞書を見てみよう！

明治の初期までは、いろは引きの辞書がつくられていましたが、『言海』が五十音順を採用したことにはじまり、いろは順の辞書はしだいに姿を消しました。

左ページが「漢和字典」、右ページが「国語辞典」だよ。

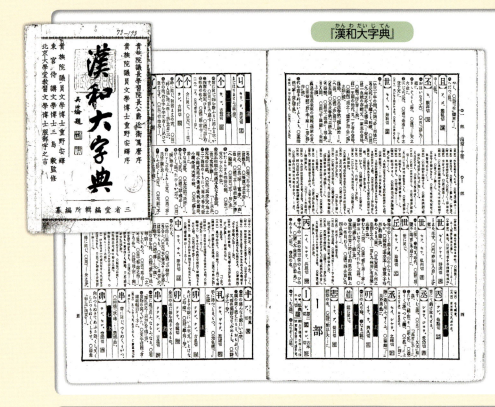

『漢和大字典』

重野安繹、三島毅、服部宇之吉の監修のもと三省堂編輯所が編集し、1903年に刊行された漢和字典。漢字の配列は、ほぼ中国の『康熙字典』（⇒1巻P23）による。見出し語の漢字には音をしめし、字の意味を古い意味から順に説明。熟語は見出し語の漢字が単語の最後にあるものをあげている。用例には出典がしめされ、漢字を探しやすいように、部首索引・総画索引があり、字の形が似ている漢字の解説もある。19世紀までの漢字字典とは異なる近代的な漢和辞典の内容を備えていた。書名に「漢和字典」をつけた最初の例である。

重野安繹『漢和大字典』（三省堂、1903年）（国立国会図書館所蔵）

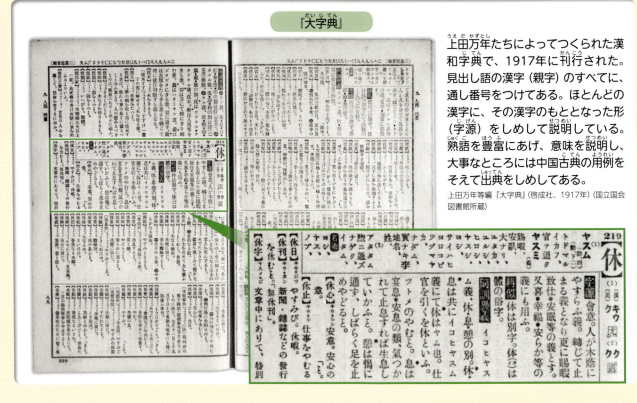

『大字典』

上田万年たちによってつくられた漢和字典で、1917年に刊行された。見出し語の漢字（親字）のすべてに、通し番号をつけてある。ほとんどの漢字に、その漢字のもととなった形（字源）をしめして説明している。熟語を豊富にあげ、意味を説明し、大事なところには中国古典の用例をそえて出典をしめしてある。

上田万年等編『大字典』（啓成社、1917年）（国立国会図書館所蔵）

『日本大辞書』

山田美妙（1868〜1910年）がつくった国語辞典。1892〜1893年に刊行された。見出し語の配列は五十音順。山田美妙が口頭で述べたものを、速記で書きとり、それを整理してつくったという。話し言葉で書かれた最初の国語辞典であり、見出し語にアクセントをしめしたのも、この辞書が最初だった。また、意味が変化した語は区別して説明し、意味の似ている言葉の違いを述べるといった新しさがある。

山田美妙編『日本大辞書』（日本大辞書発行所、1893年）（国立国会図書館所蔵）

『辞林』

金沢庄三郎（1872〜1967年）がつくった国語辞典。1907年に刊行された。これ以前の辞書が昔の言葉（古語）を中心に編集されていて、現代語があまり取りあげられていなかったことを反省して、現代語を中心に編集されている。見出し語は8万1900語あまりで、五十音順に配列されている。明治維新以後、近代国家としての諸制度が整備され、ヨーロッパの文化や知識を取りいれるために、新しく用いられるようになった語を積極的にのせた。いろいろな分野の学術用語や政治・経済・法律などの用語や日常語も多くのせている。のちに増補改訂して『広辞林』（1925年刊）となり、今も改訂を重ねている。

金沢庄三郎編『辞林』（三省堂、1907年）（国立国会図書館所蔵）

『大日本国語辞典』

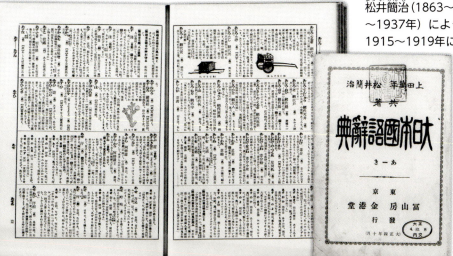

松井簡治（1863〜1945年）、上田万年（1867〜1937年）によってつくられた国語辞典。1915〜1919年に刊行された。見出し語には、古語・現代語・外来語・学術用語・諺・成句など約20万4000語をはば広く収め、配列は五十音順。見出し語の多くに用例と出典がしめされている。『大言海』とともにその後の国語辞典に大きな影響をあたえた。

上田万年・松井簡治著『大日本国語辞典』（金港堂書籍、1915年）（国立国会図書館所蔵）

昔と今の辞典をくらべてみよう！

現代では、小学生から国語辞典をつかうようになっています。昔と今の国語辞典と漢字字典（辞典）をくらべて、同じところ、違うところを見てみましょう。

漢字に日本語を記した初の漢字字典
『新撰字鏡』（898～901年）

漢字は部首別にならべてある。

漢字のへんやつくりを手がかりにして探し、読み方や意味を知ることができるよう工夫されている。

昌住著・京都帝国大学文学部国語学国文学研究室編『新撰字鏡』（全国書房、1944年）（国立国会図書館所蔵）

はじめての近代的国語辞典
『言海』（1889～1891年）

見出し語の下に品詞がしめしてある。

見出し語は五十音順にならべてある。

意味が変化した語は（一）、（二）と区分して説明している。

この段の最初の項目の3字目までが書かれている。

大槻文彦著『言海 百六拾版』（吉川弘文館、1907年）（国立国会図書館所蔵）

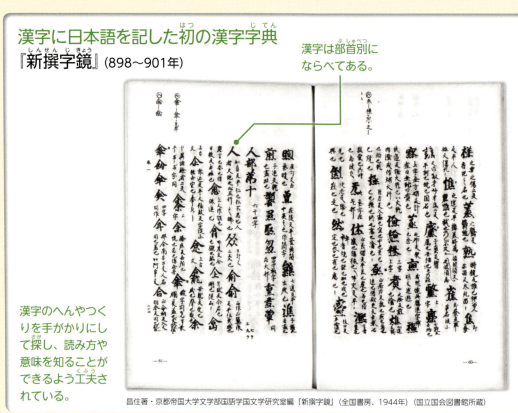

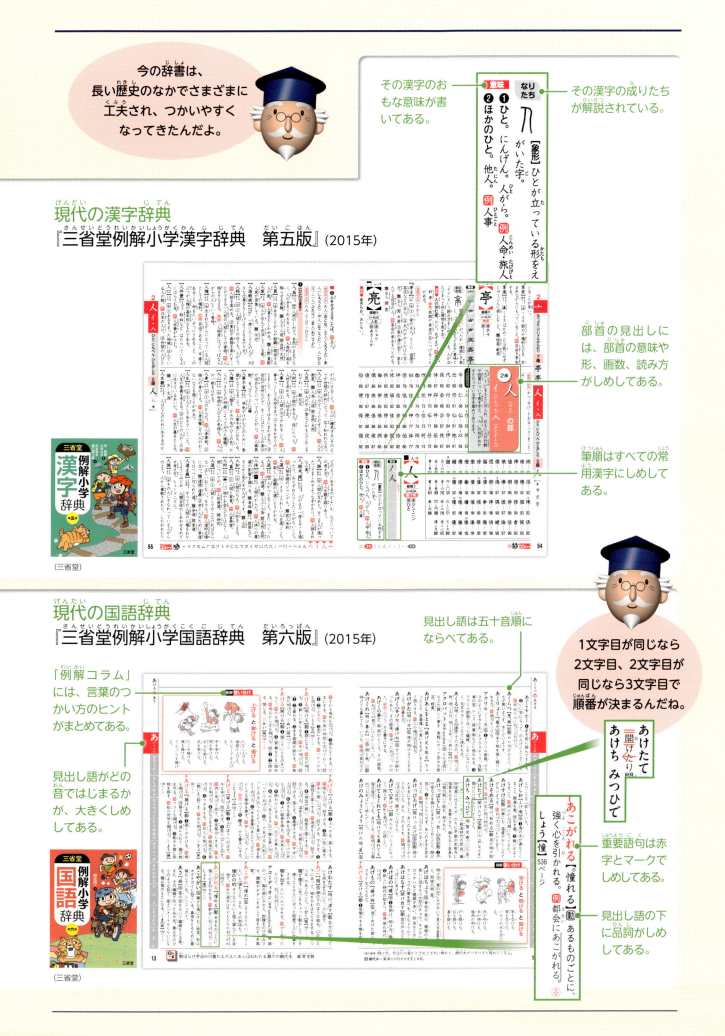

用語解説

本文中で青字にした言葉を五十音順に解説しています。
数字はその言葉が出てくるページをしめしています。

▶英文学 ……………………………… 25
イギリス文学、また広い意味では、英語で書かれた文学すべてをさす。

▶漢文 ………11, 14, 15, 16, 17, 18, 19
古い中国の文章。日本には5世紀のはじめに、漢字とともに伝えられたとされる。8世紀ごろからは、漢文を日本語に読み下すために、漢文訓読がおこなわれるようになった。

▶漢文学 ……………………………… 20
中国の古典文学、また漢文で書かれた文学をさす。

▶漢語 …………………12, 16, 17, 18
中国から伝わって、日本語になった言葉。漢字を音読みする言葉はほぼ漢語であり、日本語にしめる割合は高い。漢語に対して、もともと日本にあった言葉を「和語」「大和言葉」という。

▶漢籍 ………………………… 12, 18
中国の書物。中国人によって書かれた漢文形態の書物。

▶魏志倭人伝 …………………………… 7
3世紀後半の中国の歴史書『三国志』のなかの魏に関する部分を『魏志（魏書）』とよび、その東夷伝のうち、倭人（日本人）について書かれた部分を「魏志倭人伝」と通称する。日本に関する最古の中国側の文献。当時の日本（倭）には、邪馬台国という国があって女王卑弥呼がおさめていたことや、政治・外交・風俗などが詳細に記述されている。

▶紀貫之 ……………………………… 11
平安時代前期の歌人。仮名文字で『土佐日記』を書いて、日記文学に新たな道を開いた。三十六歌仙のひとり。

▶経典 ……………………11, 12, 13, 20
仏教の聖典。仏教の基本となる教えが書かれている書物。

▶草双紙 ……………………………… 23
江戸時代中期以降に流行した、大衆向けの絵入り小説本の総称。各ページにさし絵が入り、多くはひらがなで書かれた。表紙の色によって赤本・黒本・青本・黄表紙と区別し、長編で数冊を1冊にまとめたもの（合本）を、合巻とよんだ。

▶『古事記』 …………………………… 7, 8
奈良時代の歴史物語。上・中・下の3巻からなる。上巻に太安万侶が漢文でつづった序文がある。それによると、天武天皇が、国や天皇の歴史をのちの世に伝えようとして、神話や伝説を稗田阿礼に暗記させたが、天武天皇が亡くなったため、そのままになってしまった。その後、その内容を太安万侶が文字に著し、712年に完成した。

▶嵯峨本 ……………………………… 23
江戸時代初期に京都嵯峨の角倉素庵が本阿弥光悦の協力のもとに刊行した私家本の総称。光沢のある雲母を刷りこんだ美しい用紙に、おもに仮名文字の木活字を

用いて印刷された美術的価値の高い本。『伊勢物語』や『徒然草』などが現存する。

▶清少納言 ‥‥‥‥‥‥‥‥‥‥‥7, 11
平安時代なかごろの女性歌人・随筆家。宮中につかえ『枕草子』を書いた。

▶徳川家康 ‥‥‥‥‥‥‥‥‥‥‥ 23
江戸幕府の初代将軍。豊臣秀吉のあとを受けて天下を統一し、1603年に江戸に幕府を開いた。

▶『日本書紀』 ‥‥‥‥‥‥ 7, 8, 15, 23
奈良時代の720年に舎人親王らによってつくられた30巻からなる歴史書。大昔からのできごとが漢文で書かれている。

▶藤原氏 ‥‥‥‥‥‥‥‥‥‥‥‥7, 22
日本の代表的な有力貴族。奈良時代から平安時代にかけて、朝廷を中心に力をもった。藤原氏は、中臣鎌足（藤原鎌足）が669年に天智天皇から藤原の姓をあたえられたことからはじまる。

▶偏旁冠脚 ‥‥‥‥‥‥‥‥‥‥‥ 19
漢字のへん（偏）・つくり（旁）・かんむり（冠）・あし（脚）のこと。漢字の構成部分を総合したよび名。漢字の構成部分としては、ほかに、たれ（垂）・かまえ（構え）・にょう（繞）などがある。

▶『万葉集』 ‥‥‥‥‥‥‥‥‥‥9, 21
現在残っている最も古い歌集。奈良時代の終わりごろに完成したと考えられている。編者はわかっていないが、大伴家持が大きな役割をはたしたとされる。この時代にはまだひらがな、カタカナがなく、

漢字の音や訓を借りて書きあらわした万葉仮名をつかって書かれた。

▶見出し語 ‥‥‥ 17, 18, 19, 20, 21, 24, 25, 26, 27
辞書で項目となっている言葉。

▶紫式部 ‥‥‥‥‥‥‥‥‥‥‥‥7, 11
平安時代なかごろの女性作家・歌人。宮中につかえ、そこでの生活をもとに『源氏物語』や『紫式部日記』を書いた。

▶本木昌造 ‥‥‥‥‥‥‥‥‥‥‥ 23
江戸時代末期の日本の活版印刷の創始者。長崎に生まれる。オランダからもたらされた活字と印刷機をもとに活字を製造し、印刷をはじめる。1869年に活版印刷所を開設。

▶『論語』 ‥‥‥‥‥‥‥‥‥‥‥‥ 23
中国・春秋時代の思想家、孔子と弟子たちの言行や問答を集めた語録。

▶和語 ‥‥‥‥‥‥‥‥‥‥‥‥‥6, 8
日本語のうち、もともと日本にあった言葉。大和言葉ともいう。現在の日本語はおもに和語、漢語、外来語から成りたっているが、とくに漢語、外来語に対比していう。

ちゃんと読んでくれてありがとう！

さくいん

あ行

『一切経音義』······12
『色葉字類抄』······16
『ウェブスター辞典』······25
『運歩色葉集』······19
大槻文彦······25
音義······12, 13, 14
『温故知新書』······18

か行

『下学集』······19
『雅言集覧』······21
漢字字典（辞典）······14, 15, 16, 28, 29
漢和字典（辞典）······14, 15, 19, 26
『漢和大字典』······26
魏志倭人伝······7
紀貫之······11
空海（弘法大師）······12, 15, 16
『言海』······25, 26, 28
『源氏物語』······7, 11
国語辞典···16, 18, 19, 21, 24, 25, 27, 28, 29
『古事記』······7, 8
『金剛頂一字頂輪王儀軌音義』······12
『金光明最勝王経』······13

さ行

『字鏡集』······19
『辞林』······27
『新撰字鏡』······14, 28
『新訳華厳経音義私記』······12
『ズーフハルマ』······24
清少納言······7, 11
『節用集』······19, 20

た行

『大言海』······25, 27

大字典

『大字典』······26
『大日本国語辞典』······27
『篆隷万象名義』······15, 16
『東雅』······20
徳川家康······23
『土佐日記』······11

な行

『新字』······15
『日葡辞書』······24
『日本書紀』······7, 8, 15, 23
『日本大辞書』······27

は行

藤原氏······7, 22
『物類称呼』······20

ま行

『枕草子』······7
万葉仮名······9, 10, 14, 15, 17
『万葉集』······9, 21
紫式部······7, 11
本木昌造······23

ら行

『俚言集覧』······21
『類聚名義抄』······14
『論語』······23

わ行

『和英語林集成』······24
和英辞典······24
『和訓栞』······21
和語······6, 8
『倭玉篇』······19
『和名類聚抄』······16, 17

■ 監修・文／倉島　節尚（くらしま　ときひさ）

1935年、長野県生まれ。1959年東京大学文学部国語国文学科を卒業、三省堂に入社。以後30年間国語辞典の編集に携わる。『大辞林』（初版）の編集長。三省堂で常務取締役・出版局長を務め、1990年から大正大学文学部教授、2008年名誉教授。辞書に関する著書に『辞林探求』（おうふう）、『辞書は生きている』（ほるぷ出版）、『辞書と日本語』（光文社）、『日本語辞書学への序章』『宝菩提院本　類聚名義抄』『宝菩提院本　類聚名義抄和訓索引』（大正大学出版会）、共編に『日本辞書辞典』『日本語辞書学の構築』（おうふう）などがある。

■ 文／稲葉　茂勝（いなば　しげかつ）

1953年、東京都生まれ。大阪外国語大学及び東京外国語大学卒業。長年にわたり編集者として書籍・雑誌の編集に携わり、まもなく1000冊になる。この間、自ら執筆・翻訳も多く手がけてきた。著書に『大人のための世界の「なぞなぞ」』『世界史を変えた「暗号」の謎』（共に青春出版社）、『子どもの写真で見る世界のあいさつことば』（今人舎）、「世界のなかの日本語」シリーズ1、2、3、6巻（小峰書店）などがある。

■ 編／こどもくらぶ

あそび・教育・福祉分野で、毎年100タイトルほどの児童書を企画・編集している。

■編集・デザイン
こどもくらぶ（長野絵莉、信太知美）
■制作
（株）エヌ・アンド・エス企画
■写真協力（敬称略）
〈 P8 〉福岡市博物館
〈 P9 〉所有：文化庁
　　　　写真提供：埼玉県立さきたま史跡の博物館
〈P20〉株式会社法藏館

この本の情報は、2015年9月現在のものです。

辞書・事典のすべてがわかる本 ② 辞書・事典について調べよう　　　　NDC813

2015年11月30日　　初版発行

監修・文　　倉島節尚
　　文　　　稲葉茂勝
発 行 者　　山浦真一
発 行 所　　株式会社あすなろ書房　　〒162-0041　東京都新宿区早稲田鶴巻町551-4
　　　　　　電話　03-3203-3350（代表）
印 刷 所　　凸版印刷株式会社
製 本 所　　凸版印刷株式会社

©2015　INABA Shigekatsu　　　　　　　　　　　　　　　　　　　　　　　32p／31cm
Printed in Japan　　　　　　　　　　　　　　　　　　　　　　　ISBN978-4-7515-2852-5